*Von* ..............................

*Für* ..............................

# Viel Glück & viel Segen

## Gute Gedanken zum Geburtstag

*Mit Illustrationen von Nina Chen*

**HERDER**

FREIBURG · BASEL · WIEN

*Auf diese Weise mache*

*dein neues Jahr zu einem Fest,*

*das dich dein Leben feiern lässt.*

*Es soll das neue Lebensjahr*

*noch besser sein, wie's alte war.*

Verfasser unbekannt

## Nehme dein neues Lebensjahr in die Hand

Deine Erinnerung möge dir eine frohe Perspektive weisen,

dein Verstand weiten deinen Blick,

deine Hoffnung möge Stirn den Realitäten zeigen

deine Gesundheit gebe deiner Suche sicheren Schritt.

Deine Liebe möge Antwort hören,

deine Sehnsucht spüren ein zu Haus,

deine Träume mögen Verlässlichkeiten stören,

deine Stärke mitgestalten der Geschichte Lauf.

So wünsch ich dir dein neues Jahr,

das du nur kannst gestalten,

magst du ihm froh entgegen gehen,

lass Frieden in ihm walten.

*Christoph Stender*

# Rezept

Man nehme 12 Monate, putze sie sauber von Neid,

Bitterkeit, Geiz, Pedanterie und zerlege sie

in 30 oder 31 Teile,

sodass der Vorrat für ein Jahr reicht.

Jeder Tag wird einzeln angerichtet aus 1 Teil Arbeit

und 2 Teilen Frohsinn und Humor.

Man füge 3 gehäufte Esslöffel Optimismus hinzu,

1 Teelöffel Toleranz, 1 Körnchen Ironie und 1 Prise Takt.

Dann wird die Masse mit sehr viel Liebe übergossen.

Das fertige Gericht schmücke man

mit Sträußchen kleiner Aufmerksamkeiten

und serviere es täglich mit Heiterkeit.

Katharina Elisabeth Goethe

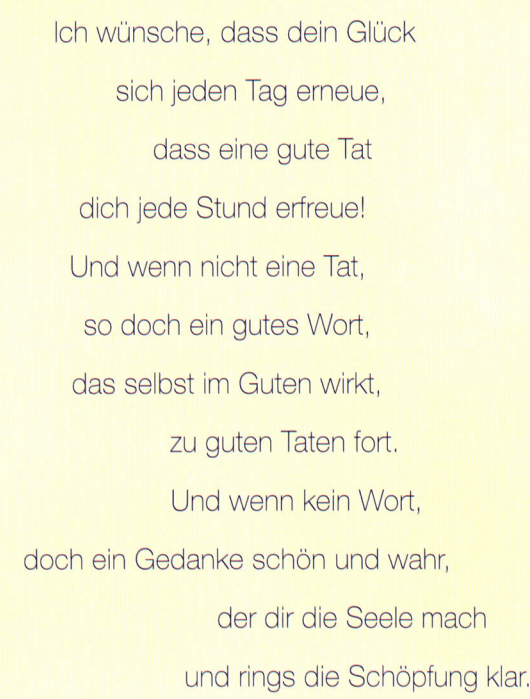

Ich wünsche, dass dein Glück
sich jeden Tag erneue,
dass eine gute Tat
dich jede Stund erfreue!
Und wenn nicht eine Tat,
so doch ein gutes Wort,
das selbst im Guten wirkt,
zu guten Taten fort.
Und wenn kein Wort,
doch ein Gedanke schön und wahr,
der dir die Seele mach
und rings die Schöpfung klar.

*Friedrich Rückert*

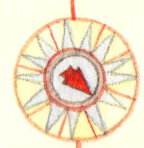

*Die Zeit ist ein sonderbar Ding.*

*Wenn man so hinlebt, ist sie rein gar nichts.*

*Aber dann auf einmal, da spürt man nichts als sie.*

*Sie ist um uns herum, sie ist auch in uns drinnen.*

*In den Gesichtern rieselt sie, im Spiegel, da rieselt sie,*

*in meinen Schläfen fließt sie.*

*Und zwischen dir und mir da fließt sie wieder.*

Hugo von Hofmannstha

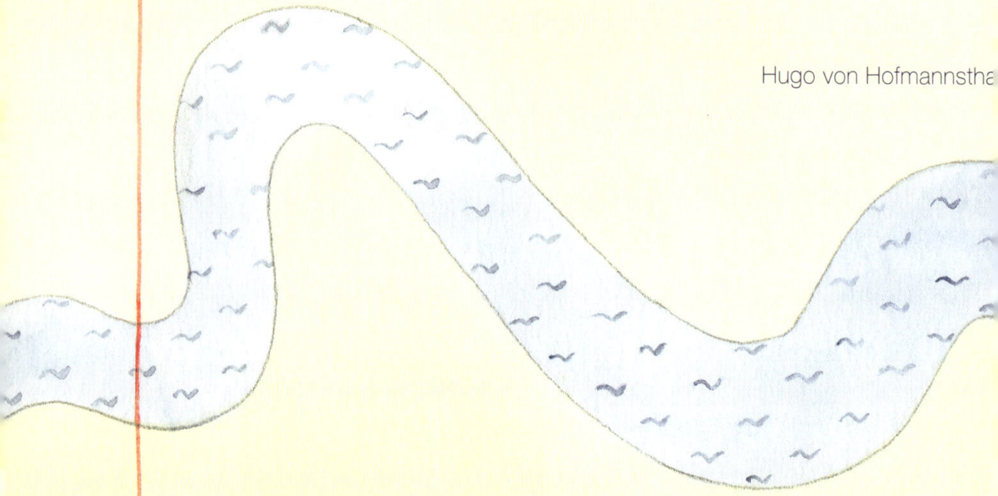

Unaufhaltsam, still und leise

mehren sich die Jahreskreise.

Ein jedes Jahr hat seinen Sinn,

so wie es kommt, so nimm es hin.

Für alles, was du tust, hab Dank!

Bleib stets gesund, werd niemals krank!

*Verfasser unbekannt*

*Seid mir nicht gar zu traurig,*

*dass die schöne Zeit entflieht,*

*dass die Welle kühl und schaurig*

*uns in ihre Wirbel zieht;*

*dass des Herzens süße Regung,*

*dass der Liebe Hochgenuss,*

*jene himmlische Bewegung,*

*sich zur Ruh begeben muss.*

*Lasst uns lieben, singen, trinken,*

*und wir pfeifen auf die Zeit;*

*selbst ein leises Augenwinken*

*zuckt durch alle Ewigkeit.*

Wilhelm Busch

## Die Torte

Ein Mensch kriegt eine schöne Torte.
Drauf stehn in Zuckerguss die Worte:
„Zum heutigen Geburtstag Glück!"
Der Mensch isst selber nicht ein Stück,
doch muss er in gewaltigen Keilen
das Wunderwerk ringsum verteilen.
Das „Glück", das „heu", der „Tag" verschwindet,
und als er nachts die Torte findet,
da ist der Text nur mehr ganz kurz.
Er lautet nämlich nur noch: „…burts" …
Der Mensch, zur Freude jäh entschlossen,
hat diesen Rest vergnügt genossen.

*Eugen Roth*

Die Kraft zu lieben,

die Gesundheit, sich, das Leben,

Freundschaft und Geist

zu genießen und zu erwidern,

ist der Zauber, der alles bezwingt.

*Ludwig Tieck*

Da Zeit das kostbarste, weil unwiederbringlichste Gut ist, über das wir verfügen, beunruhigt uns bei jedem Rückblick der Gedanke etwa verlorener Zeit. Verloren wäre die Zeit, in der wir nicht als Menschen gelebt, Erfahrungen gemacht, gelernt, geschaffen, genossen und gelitten hätten.

*Dietrich Bonhoeffer*

*Wenn du ausgekostet hast, was auszukosten war, in Geschäft, Politik, Geselligkeit, Liebe und so fort – und fandest, dass keines von diesen restlos befriedigt oder auf Dauer taugt, was bleibt dann?*

*Die Natur und ihre Kraft, aus dumpfer Verborgenheit hervorzulocken, was in Mann und Weib an Verwandtem steckt, mit freier Luft, mit Baum und Feld, mit dem Wechsel der Jahreszeiten – dem Sonnenschein bei Tage – dem Sternenhimmel bei Nacht.*

Walt Whitman

Es ist halt schön,

    wenn wir Freunde kommen sehen,

        schön ist es ferner, wenn sie bleiben

            und sich mit uns die Zeit vertreiben,

                wenn sie dann schließlich wieder gehen,

                    freuen wir uns aufs Wiedersehen.

*Wilhelm Busch*

Mögen alle Deine Himmel blau sein,

mögen alle Deine Träume wahr werd

mögen alle Deine Freunde wahrhaft wahre Freunde

und alle Deine Freuden vollkommen sein,

mögen Glück und Lachen alle Deine Tage ausfüllen –

heute und immerzu ja,

mögen sich alle Deine Träume erfüllen.

Irischer Segensspruch

Glück ist gar nicht mal so selten

Glück wird überall beschert

vieles kann als Glück uns gelten

was das Leben uns so lehrt

Glück ist jeder neue Morgen,

Glück ist bunte Blumenpracht

Glück sind Tage ohne Sorgen,

Glück ist, wenn man fröhlich lacht.

Glück ist Regen, wenn es heiß ist,

Glück ist Sonne nach dem Guss,

Glück ist, wenn ein Kind ein Eis isst,

Glück ist auch ein lieber Gruß.

Glück ist Wärme, wenn es kalt ist,

Glück ist weißer Meeresstrand,

Glück ist Ruhe, die im Wald ist,

Glück ist eines Freundes Hand.

*Clemens von Brentano*

*trinke, schmecke die Früchte und überlasse dich ihrem Einfluss.*

Henry David Thoreau

Was Sonnenschein für Blumen
sind lachende Gesichter für Menschen.

Auf der Suche nach dem Glück
vergiss nicht den Glanz des Alltags.

Man muss sich nicht schämen
wenn man das Glück sucht.
Aber man kann sich schämen,
allein glücklich zu sein.

*Albert Camus*

Vor lauter Lauschen und Staunen sei still,
du mein tieftiefes Leben;
dass du weißt, was der Wind dir will,
eh noch die Birken beben.

Und wenn dir einmal das Schweigen sprach,
lass deine Sinne besiegen.
Jedem Hauche gieb dich, gieb nach,
er wird dich lieben und wiegen.

Und dann meine Seele sei weit, sei weit,

dass dir das Leben gelinge,

breite dich wie ein Feierkleid

über die sinnenden Dinge.

*Rainer Maria Rilke*

Das Glück ist kein Flugzeug,

hat keinen Fahrplan,

keinen Lufthafen.

Ein großer Vogel,

der einen kleinen

auf seine Fittiche nimmt.

Irgendwo.

Hilde Domin

*Lass uns das Leben nicht länger nach Jahren zählen*

ondern nach den kleinen Freuden eines jeden Tages.

Phil Bosmans

Textnachweis:

Wir danken den Verlagen und Rechteinhabern für die Erteilung der Abdruckgenehmigungen.

Trotz gründlicher Recherche war es uns nicht immer möglich, die Inhaber der Rechte ausfindig zu machen.

S. 9: Christoph Stender, Nehme dein neues Lebensjahr in die Hand. © Autor

S. 24: Dietrich Bonhoeffer, Da Zeit das kostbarste, weil unwiederbringlichste Gut ist …, aus: Ders., Widerstand und Ergebung. © by Gütersloher Verlagshaus, Gütersloh, in der Verlagsgruppe Random House GmbH, München

S. 40: Hilde Domin, Nachmittag am Guadalquivir. Aus: Dies., Gesammelte Gedichte. © S. Fischer Verlag GmbH, Frankfurt am Main 1987

S. 42/43: Phil Bosmans, Lass uns das Leben nicht länger nach Jahren zählen …, aus: Ders., Mit allen guten Wünschen, ins Deutsche übersetzt von Ulrich Schütz, © Verlag Herder Freiburg im Breisgau 1998, 2004, 2007

Alle Rechte vorbehalten – Printed in Italy

© Verlag Herder Freiburg im Breisgau 2007

www.herder.de

Layoutentwurf und Produktion: art und weise, Freiburg

Herstellung: L.E.G.O. Olivotto S.p.A., Vicenza 2007

Gedruckt auf umweltfreundlichem, chlorfrei gebleichtem Papier

ISBN: 978-3-451-29679-6

In gleicher Ausstattung sind bei Herder erschienen:

*Ersehnt & willkommen* – Gute Gedanken zur Geburt
ISBN: 978-3-451-29677-2

*Für immer & ewig* – Gute Gedanken zur Hochzeit
ISBN: 978-3-451-29678-9

*Viel Kraft & Gesundheit* – Gute Gedanken zur Genesung
ISBN: 978-3-451-29680-2